百年大疫將來之際，馬雅國公主降臨世上。身為馬雅國駐臺大使，當然要提供她最好的馬雅國知識。不過，古文明對於孩子來說，是種抽象的知識，如果有很棒的繪本，取代博物館式的介紹，小公主一定會很喜歡。「寫一本馬雅文化繪本給公主吧！」成為我的人生願望之一。

馬雅對一般人而言，總是遙遠又神秘。國小時期的我被這種印象吸引，開始自學馬雅文化，也在揭開神秘面紗後，沉浸於古馬雅文化的一切。我試著回顧小時候的探索初心，再加入一些近三十年來考古學家研究的成果，想讓臺灣的孩子不再走冤枉路，有明確的指標來認識這個美洲大陸上最迷幻的古文明。

說起臺灣，與古馬雅文化的連結其實很多。生活裡有許多被隱藏的馬雅文化，譬如臺北土銀展示館是源起美國的馬雅復興式建築，之後由日本人傳入臺灣。又或者是常見食材「番薯」，其實也是從古馬雅輾轉來到臺灣的！

馬雅文化博大精深，本書篇幅有限，精心挑選了古馬雅各種具特殊性的面向，諸如球賽、宗教、建築，還有別出心裁的馬雅動物園、神話故事，以及馬雅人跟西班牙人接觸的故事。城市方面，介紹四個重要城邦：提卡爾（繩結王朝）、帕連克（骨頭之城）、奇琴伊札、烏斯瑪爾。當然還有好多好多事想說，不過就讓我們期待未來有緣相會的時候再說吧！

——馬雅人
「馬雅國駐臺辦事處」粉絲頁負責人

少年知識家

遇見世界古文明

歡迎光臨古馬雅

作者｜馬雅人　　繪者｜Sophia Ji

責任編輯｜張玉蓉　　美術設計｜陳宛昀　　行銷企劃｜王予農

天下雜誌群創辦人｜殷允芃　　董事長兼執行長｜何琦瑜

兒童產品事業群

副總經理｜林彥傑　　總編輯｜林欣靜　　版權主任｜何晨瑋、黃微真

出版者｜親子天下股份有限公司　地址｜104 臺北市建國北路一段 96 號 4 樓

電話｜（02）2509-2800　　傳真｜（02）2509-2462

網址｜www.parenting.com.tw

讀者服務專線｜（02）2662-0332　　週一～週五：09:00~17:30

傳真｜（02）2662-6048　　客服信箱｜parenting@service.cw.com.tw

法律顧問｜台英國際商務法律事務所・羅明通律師

製版印刷｜中原造像股份有限公司

總經銷｜大和圖書有限公司　電話：（02）8990-2588

出版日期｜2023 年 3 月第一版第一次印行

定價｜400 元　書號｜BKKKC227P　ISBN｜978-626-305-427-1（精裝）

──────── 訂購服務 ────────

親子天下 Shopping｜shopping.parenting.com.tw

海外・大量訂購｜parenting@service.cw.com.tw

書香花園｜台北市建國北路二段 6 巷 11 號　電話（02）2506-1635

劃撥帳號｜50331356　親子天下股份有限公司

立即購買 >

國家圖書館出版品預行編目(CIP)資料

遇見世界古文明：歡迎光臨古馬雅 /
馬雅人文；Sophia Ji 圖 . -- 第一版 .
-- 臺北市：親子天下股份有限公司，
2023.03
64 面；22.6x22.6 公分
ISBN 978-626-305-427-1(精裝)
1.CST: 馬雅文化 2.CST: 文明史
3.CST: 古代史 4.CST: 通俗作品
5.CST: 中美洲

754.3　　　　112001216

歡迎光臨古馬雅

一起到古馬雅的
世界遊玩吧！

出發！

文／馬雅人　圖／Sophia Ji

目錄

這裡有古馬雅人最喜歡的黑曜石，可以賣個好價錢！

靠近太平洋的地區，是一連串的火山。

北美洲

古馬雅

南美洲

馬雅是古代中美洲最璀璨的寶石，這裡的文明是由一群住在叢林中的戰士、藝術家、祭司所創造。古馬雅人住在今日的猶加敦半島上，包含了瓜地馬拉、宏都拉斯、薩爾瓦多、貝里斯這些國家。

加勒比海

十六世紀
的時候，西班牙
人就是從加勒比海
登陸，並且征服了
古馬雅人。
真可憐！

最北邊的猶加敦半島瀕臨美麗
的加勒比海，是晚期馬雅城邦
發展的舞臺。這裡有很多石灰
岩井，一片平原覆蓋著灌木、
仙人掌，跟南邊的叢林有很大
的不同。

瓜地馬拉與墨西
哥交界的熱帶雨
林，是馬雅文化
發展得最興盛的
地方，考古學家
在這裡挖出許多
神廟呢！

神廟好像
漂浮在樹海上的
一座座小島喔！

太平洋

5

根據考古學家的研究，位於墨西哥灣沿岸的奧梅克文化是中美洲最早的文化。

奧梅克文化大大影響著中美洲的其他文化，他們的宗教、思想、藝術甚至是文字，被後來的馬雅文化繼承。奧梅克文化可說是中美洲文化的母親呢！

考古學家在地下挖出十幾個巨大的石製頭像，這些頭像都沒有身體，具體的用途沒有確定的答案。有些考古學家認為是國王的頭像，也有人認為是參加球賽的球員。

奧梅克人非常喜歡使用玉器。考古學家曾經挖出一批以玉石做成的人偶，它們經過精心的排列，好像在討論什麼事情一樣。

奧梅克人藝術創造很成熟，會利用蛇紋岩在地上拼貼出抽象的圖案。

要把抽象圖立起來展示還真是不容易……

那到底世界怎麼開始、人類又是怎麼出現的？
對此，古馬雅人有自己的故事傳說。

諸神討論要創造世界。
首先，祂們創造了天地萬物。

但是動物無法崇敬諸神，
所以諸神決定要造人類。

祂們用木頭與泥土造
人，但都不滿意。

這時候出現了一對雙胞胎在人間踢球，
吵到地獄之神。

你們乖乖照做
我給你們的考驗！

於是雙胞胎被召喚到地獄，
地獄之神給祂們許多考驗。

其中一個是要雙胞胎拿著火把，
進到完全黑暗的房間裡過上一晚。
火把要永遠亮著，不能熄滅。

火焰最終
還是熄了。

雙胞胎被當成了祭品。

地獄之神將哥哥的頭掛在樹上。地獄之神的女兒好奇的靠近那棵樹，哥哥的頭顱張開眼睛，跟地獄之神的女兒聊天。

哥哥的頭顱還利用魔法，吐口水在她的手掌上。結果地獄之神的女兒就懷孕了。

聽聞消息，地獄之神暴跳如雷。祂的女兒只能逃到人間。

地獄之神的女兒在人間生下一對雙胞胎英雄。

雙胞胎英雄長大後，覺得金剛鸚鵡神自認是太陽，又驕傲自大，祂們決定用吹箭去攻擊他，但是沒有成功。

於是兩人改用計謀，毒死了金剛鸚鵡神，讓真的太陽得以誕生。

馬雅人的創世神話

9

雙胞胎英雄與他們的父親一樣，熱愛馬雅球賽。這下子又再次吵到了地獄之神。

跟你們父親一樣，接招我的考驗吧！

地獄之神同樣給他們許多考驗，但他們都順利過關。

最後他們來到一間滿是蝙蝠的房間裡，結果闖關失敗了。

嗚嗚嗚，我親愛的哥哥……

哥哥被蝙蝠砍下了頭顱，並且埋在地獄的球場下。

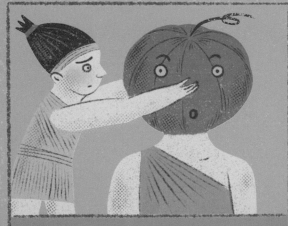

弟弟找來一顆南瓜，裝上哥哥的脖子，讓哥哥能夠暫時復活。

於是，地獄之神又跟他們比賽踢球。

比賽中，弟弟用詭計拿回哥哥的頭顱，使哥哥復活。

兄弟倆還在賽後的宴會中，變成兩隻魚偷偷游回人間。

回到人間的雙胞胎兄弟非常想要報仇，便假裝成魔術師表演魔法，趁機殺死了地獄之神。

這時，玉米神從大地的裂縫中生長出來，諸神討論之後，決定用玉米來創造人類，於是有了今日的世界。

人們總是用自己能看見、聽見、摸到的事物來想像世界。馬雅人認為自己生活在一隻烏龜或是鱷魚的背上——凹凸不平的龜殼，就像他們生活的土地一樣也是凹凸不平的。

馬雅人認為整個世界分成上界、人間、下界西巴巴。上界是天神居住的地方，生活在上界的神靈，享受著馬雅人能夠想像到的所有美好事物。人間則是人類與萬物生活的空間。下界西巴巴有點像地獄，是馬雅人死後要前往的地方，裡面充滿了疾病與恐怖的事物。

世界正中心有棵世界之樹貫穿，樹頂站著一隻聖鳥神。太陽每天東昇西落，晚上的時候就會變成一隻美洲豹，跑過地獄，從西方跑到東方。早上的時候變成太陽再次升起，日復一日。

歡迎來到馬雅人的城市！

馬雅城市總是有一個很大的廣場，廣場是參與祭典與買賣貨物的地方。同時，廣場上也會豎立許多石碑，石碑上會有文字跟國王的模樣。這樣就可以讓偉大國王們的豐功偉業保留下來！

神廟

宮殿與貴族住宅

神廟

球場

14

廣場周圍有高聳的神廟——祭司會走上陡
峭的樓梯，最高處的平臺上有好幾間小
房子，馬雅人認為這就是天神在城
市裡的家，神像就放在裡面。

廣場與石碑

節慶的時候，祭司就在神廟裡祈求天神保佑大家。

神廟後面就是國王與貴族居住的宮殿，宮殿幾乎都是用
石頭蓋的，在炎熱的夏天裡也可以很涼爽。

馬雅國王與王族住在宮殿裡，宮殿裡有許多房間，每個房間都有個平臺或是王座。國王就坐在王座上面，戴著有很長流蘇的王冠，腰間纏著布或裙子，身上有時甚至有美洲豹皮做成的披風。國王會在房裡跟大臣、將軍、祭司討論國家大事。

今天還是很帥氣！

如果國王餓了，宮廷裡的僕人就會煮些食
物、點心給國王吃，也會泡熱可可給國王提
神。如果國王累了，宮廷裡也有樂手、舞者、
小丑，他們會表演各式各樣的節目來取悅國王。
馬雅國王似乎喜歡讓侏儒當僕人，常常看見他們拿著
黑曜石鏡，讓國王看看自己長什麼樣子？衣服有沒有穿好？

馬雅各王國之間，常常發生戰爭，戰士也就成為社會上受人尊敬的階層。他們會遠征別的城邦，帶回俘虜。這些俘虜有時就成為宗教典禮的祭品。

走快點！

哎呀！

這支超好用！

馬雅人最厲害的武器就是長矛了。為了丟得更遠，馬雅人還從中部墨西哥引進擲矛器。馬雅人很晚才使用弓箭，丟長矛一直是他們的最愛。

戰士會戴上動物的頭飾，乞求超自然魔力。美洲豹的頭飾、皮甲可能是最高等級戰士的裝飾品。

如果是近距離戰爭，古馬雅人則會使用各種黑曜石製成的武器，像是狼牙棒、長矛、匕首等。長距離戰爭的話，就會使用弓箭。

馬雅戰士的盔甲，多半是用皮革、棉花做成的布甲或是皮甲，也會用盾牌來保護自己。盾牌有些是用編織的草蓆，有些是包上鹿皮的木板。

長矛真是我的最愛！

接著，要帶你參觀古馬雅最繁榮、神聖的繩結王國。

今日，這裡被稱為「提卡爾遺址」。在西元三至九世紀間，繩結王國可能有10到15萬的人口。為了供應這麼多人的生活所需，城內有好幾個巨大的蓄水池，也有許多商人前往遠方貿易，帶回物資。

可以拿超大南瓜換兩顆黑曜石嗎？

有65公尺高的四號神廟

繩結王國有許多巨大的神廟，
像是四號神廟可能是馬雅文化
裡最高的建築物。站在四號神
廟上遠眺，其他神廟彷彿浮在
樹海之上，而這是繩結王國中
最美的景色。

最有名的國王莫過於這位「清澈天
空的卡維爾神」了。他曾經在西元
695年打敗宿敵「蛇王朝」，使得
繩結王國稱霸馬雅世界。

如果要說古馬雅的藝術之都，非骨頭王國莫屬。所謂的「骨頭王國」，就是今日墨西哥的「帕連克遺址」。有時候古馬雅人還會把這座城市稱為「浩瀚之水」。

骨頭王國裡最有名的就是太陽花盾牌王，他與他的兒子用許多典雅的灰泥裝飾他們的皇宮，也有許多創新的設計。像是皇宮區有一座聳立的高塔。這座高塔可是目前馬雅文化裡，唯一出土的高塔建築喔！

同時帕連克的統治者，也刻了非常多石板與文字，講述了古馬雅人的宗教信仰與世界觀。

考古學家在太陽花盾牌王的墓穴中，發現一個巨大的石棺。而太陽花盾牌王臉上，帶著玉面具。許多人看到石棺蓋上的圖案，以為是一艘太空梭。其實錯得離譜，那是馬雅的世界之樹與聖鳥，表示太陽花盾牌王在過世後踏上的旅程。

23

古馬雅人創造了美洲大陸上最成熟的文字系統。在古抄本、石碑、陶器、工藝品甚至石灰岩洞的壁上，都可以看到馬雅文字的蹤跡。

馬雅學家經過將近一百年的研究，終於在1990年代找出解讀這些神秘文字的方法，目前大概有九成的馬雅文字可以被解讀出來。

石灰岩

陶罐

石板

手抄本

石碑

馬雅文字是由一系列精美的圖像符號構成。這些圖像有人頭、怪獸、各種手的動作，也有抽象的字符。

ajaw 音近「阿浩」，表示國王、統治者的意思。

  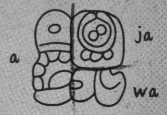

這個是象形型態的 ajaw，可以寫成一個帶著國王帽子、臉頰有斑點的頭像。

也可以寫成一個鳥頭。兩種型態都能代表 ajaw。

馬雅文字也可以用拼音的寫法，譬如 ajaw 可由 a-ja-wa 三個音節拼成。

此外還有很多日常用詞也已經解讀出來。

爸爸的孩子　　媽媽的孩子　　　鹿　　　　美洲豹　　　　狗

  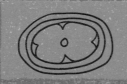

天空　　　　　月亮　　　　　　太陽

馬雅人的數字寫法很簡單，一個點代表1，兩個點代表2，5則是用一個橫槓做代表。要寫19的時候，就寫成三個橫槓，加上四個點。

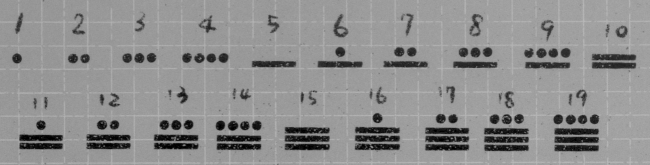

除了簡單的橫槓與點以外，馬雅人有時也會將數字畫成神明頭像的模樣。這樣馬雅人寫數學功課，到底要寫多久啊？

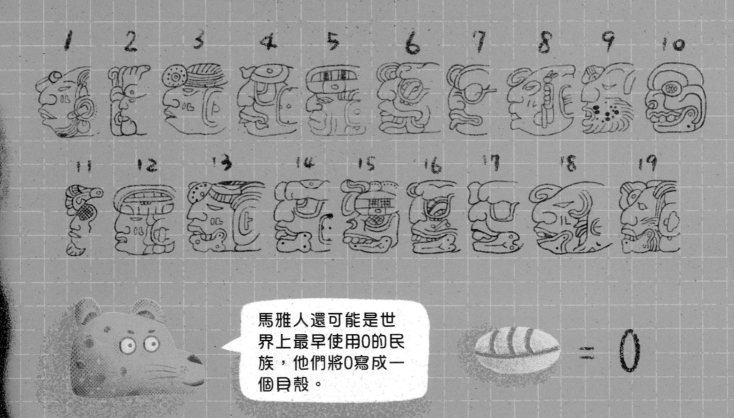

馬雅人還可能是世界上最早使用0的民族，他們將0寫成一個貝殼。

馬雅人使用二十進位，因此每個位數是前一個位數的 20 倍。我們常用的十進位，每個位數是前一個位數的 10 倍。

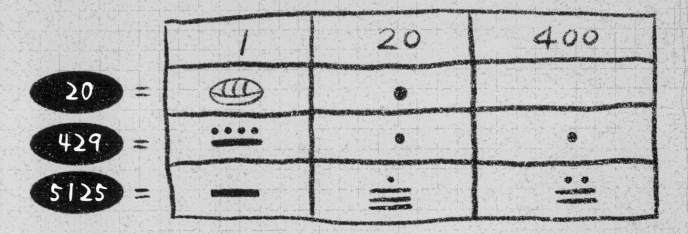

你說二十進位，那20要怎麼寫啊？

很簡單，只要寫一個點加上一個貝殼符號就好了。點代表一個20，貝殼代表零個1，加起來就是20喔。

這樣的數字好麻煩！

不過這樣，我們就可以用很少字，寫出很大的數字。你看像是5125，就可以用三個字寫出來。這對於我們計算天文數字很有幫助。

二十進位讓古馬雅人可以用很少的符號，表示很大的數字，這樣就能夠計算龐大的天文數字了！所以我們常常在天文曆法的手抄本裡，看到馬雅數字的蹤影喔！

27

古馬雅還有一個令人讚嘆的成就，那就是複雜的曆法。在馬雅宗教信仰中，時間準不準確是非常重要的部分，這也就是為什麼馬雅人沉醉於制定曆法來計算時間。

馬雅人主要使用三種曆法，分別是哈布曆、卓爾金曆，以及長紀年曆。這些曆法都是用符號來表示一些日子，用橫槓與點來表示數字，而且都是二十進位。

宗教祭祀用的卓爾金曆，是由20個符號與13個數字，像是中國天干地支一樣交錯排列。

馬雅人還設計了長紀年曆。這種曆法從西元3114年8月21日開始算，一直到2012年12月21日結束。因為這個緣故，有很多人誤會馬雅人預言2012年是世界末日。

馬雅人會把卓爾金曆與哈布曆寫在一起，
形成一個52年的循環。考古學家通常比喻
成一組不斷轉動的齒輪。

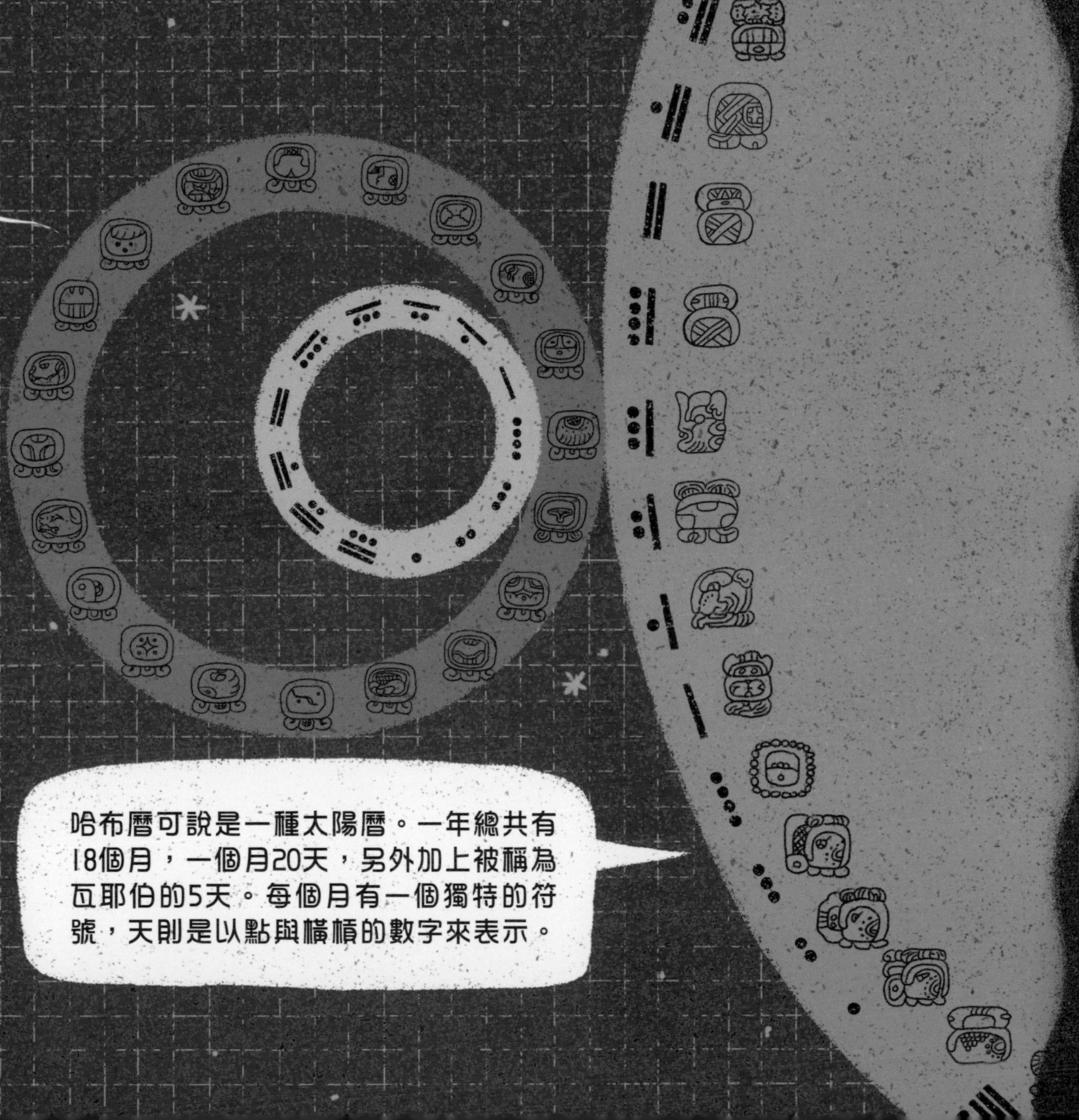

哈布曆可說是一種太陽曆。一年總共有
18個月，一個月20天，另外加上被稱為
瓦耶伯的5天。每個月有一個獨特的符
號，天則是以點與橫楯的數字來表示。

古馬雅祭司會在神廟上，用肉眼與簡單的工具觀測星空，卻擁有非常豐富的天文知識。古馬雅人已經知道星空中有許多行星，他們認為當金星到達天空的某些位置時，是天神給人間發動戰爭的訊息。

又要打仗了，也太慘了吧！

除此之外，古馬雅也有星座的概念，有蠍子座、烏龜座、響尾蛇座等，很有趣吧！

當然，太陽與月亮是天空中最容易觀察的星體。馬雅人能預測日、月食，並且認為日、月食是很恐怖的天文現象。他們把日、月食想像成一條巨蛇吃掉太陽與月亮，這真的滿嚇人的。

同時，馬雅人也非常重視冬至、夏至、秋分、春分這些時間點。馬雅人傑出的建築技術，可以讓這四個時間點日出時的太陽，從不同的神廟背後升起。

巨蛇又要出現了耶！

大家又會很害怕吧？

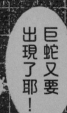

31

馬雅人的宗教信仰是一種多神的世界。世界萬物都有神靈，甚至每天都有一個神。就像古希臘一樣，每個馬雅神明都有他自己的性格，還有年輕、老年之分。

伊札姆納
（Itzamna）

年老

年輕

伊希切爾
（Ixchel）

如果要說哪個神地位最高，那就一定要說到伊札姆納。他有很多身分，不但是創世之神，也是書籍與文字的發明者，還有醫治百病的能力。

月亮女神，在馬雅語中是彩虹女士的意思。她是伊扎姆納的妻子，同時也是編織、醫藥的守護神。

32

基尼奇（Kinich Ajaw）

**伊西米（Ixim）
或
胡那耶 (Hun Nal Ye)**

恰克（Chaahk）

太陽神，Kinich Ajaw 在馬雅語的意思是太陽之主。馬雅人認為太陽神白天以太陽的形象，行走在天上，晚上變成一隻黑豹穿過地獄。

伊西米或胡那耶是玉米神，而恰克是雨神。玉米是馬雅人最重要的作物，玉米神和雨神就是馬雅農民最常祈禱的對象。跟高大尚的伊扎姆納相比，玉米神顯得親民許多。

**卡維爾神
（K' awiil）**

卡維爾神常出現在石碑、藝術品裡。他的額頭是用黑曜石鏡子做成，從裡面噴出火焰，右腳是一條蛇。卡維爾神是王權的守護神，國王的權杖上常常有他的身影。

地獄是由很多王國構成，王國各自有自己的統治者。在創世神話中，雙胞胎英雄就是打敗了地獄的王國，戰勝了死亡。

幾乎所有馬雅人都會踏上死亡之旅，他們會經過一片水域，這片水域有「划槳者之神」駕駛著獨木舟。

33

古馬雅人最令人印象深刻的，就是活人獻祭的宗教儀式了。他們認為人類的鮮血與心臟，是跟天神溝通時最重要的祭品。

有時國王會出兵攻擊別的王國，抓住敵國的國王或是貴族，並且在神廟上獻祭。

除了拿別人來獻祭外，馬雅國王還會將自己的鮮血獻給天神。有時國王和皇后會從自己的臉、手掌，甚至舌頭放血！想來就好痛，大家千萬不要學！

另外，馬雅人相信神明也會住在石灰岩洞裡，所以有時在城邦遇到嚴重危機，馬雅祭司會帶著自願者進到石灰岩洞裡當成祭品獻給神明。

有時候祭司甚至會短暫住在石灰岩洞裡，所以現在會在洞中發現他們留下來的生活用品喔！

代辦事項
· 準備祭祀品
· 全民祈禱活動
· 小豹生日 party

好了，正事辦妥，一切就定位了。

⚠警語：這些傷害身體的宗教儀式，看起來非常恐怖，不過都是古馬雅的習俗，現在的馬雅人已經不會這樣傷害身體了。大家千萬不要學！

馬雅世界雖然會下很多雨，但是土地卻不肥沃。於是古馬雅人發展出一種叫做「米爾帕」的耕作方法，能將玉米、南瓜、豆類、辣椒都種在一起。

玉米是馬雅人的主食

豆類可以保持土地的肥沃度

南瓜與辣椒可以提供多樣的食物與營養

這種傳統的耕種方法，直到今天的中美洲都還在使用喔！

用玉米來做料理，是馬雅人最擅長的。除了水煮玉米以外，還有好多不同的吃法。

如果要體驗馬雅人的口味，把握兩個原則：玉米和辣椒！

玉米粥

這是馬雅人最常「外帶」的食物，把玉米磨成粉後沖水，加入南瓜子、辣椒，這就是經典的古馬雅口味。

玉米粽

一樣把玉米磨成粉後，加入蔬菜、辣椒、肉，然後包著玉米葉一起蒸，就是馬雅最經典的玉米粽了！

看起來真好吃！

古馬雅人生活在一片熱帶雨林中，這裡樹木茂盛，有許多在臺灣看不到的野生動物。古馬雅人把一些動物看成是天神的化身，它們會出現在馬雅人的藝術、神話、服飾裡。一起在叢林裡找找牠們吧！

Ajaw
瑪雅文字裡國王字符

吼猴是叢林裡最吵的動物，他們的吼叫聲可以傳好幾公里。古馬雅人把它看成是雕塑、文字的守護神。馬雅文字裡的國王就是從吼猴的臉轉變過來的，看看兩者，是不是很像呢？

Unen B'alam
美洲豹寶寶的馬雅文字

B'alam
美洲豹的馬雅文字

美洲豹在馬雅語叫做 B'alam，它是中美洲熱帶雨林最凶猛的動物，因此古馬雅人認為美洲豹是具有神力的動物。像是太陽神在日落後，就會變成一隻美洲豹，從日落之處跑到日出之地。

K'uk
克沙爾鳥的馬雅文字

 Mo'
金剛鸚鵡的馬雅文字

克沙爾鳥與金剛鸚鵡，是馬雅人最重視的兩種鳥類。馬雅人認為世界樹梢，站著一隻聖鳥神，也就是克沙爾鳥。至於金剛鸚鵡，更是在創造世界的神話故事中出現過喔！雙胞胎兄弟要打敗金剛鸚鵡神才能讓真正的太陽誕生。

 Kutz'
火雞的馬雅文字

火雞可是道道地地的美洲動物，它是古馬雅人唯一飼養的家禽，提供古馬雅人珍貴的肉食來源。

 Til
中美貘的馬雅文字符

除了飼養火雞以外，古馬雅人就只能靠著狩獵取得肉品。體型頗大的中美貘，就成為古馬雅人的重要獵物。實際上，中美貘是種溫和的動物，也是貝里斯的國獸。

39

馬雅人貿易的時候，主要還是以物易物。也有些時候會用可可豆當貨幣。所以在創世神話中，雙胞胎兄弟被地獄之神殺死後，身體長出了一顆可可樹。地獄之神 Ek' Chuah 也因此得到第一桶金。

Ek' Chuah 也是戰爭之神，這代表著古代馬雅的貿易，常常伴隨著戰爭，有些商人還是間諜呢！

用植物來當貨幣，世界上應該只有馬雅人吧？

商業貿易是馬雅城邦強盛的關鍵。他們會從遠方買來黑曜石、鹽、貝殼、蜂蜜、碧玉等，然後在城市裡的廣場交易。

由於馬雅人沒有車輪，所以他們都是用人力運輸貿易物品。沿海與河流上，也有貿易用的大型獨木舟。

有些考古學家認為城市裡的千柱建築，就是馬雅人貿易的地方。市場裡也會賣獵人打到的肉、農夫生產的各種食物或工匠生產的生活必需品。

這籃玉米跟你換黑曜石。

不行！

馬雅人熱愛一種奇怪的球賽，球員不能用手、也不能用腳，只能用屁股去頂球，並且要把球頂進6公尺高的圓框裡，圓框的大小還只比球稍微大一點。有時候馬雅人甚至會倒在地上，利用牆壁跟屁股讓球彈起來。

球賽時，觀眾坐在兩旁，而貴族當然就坐在VIP觀賽區囉！其實這種球賽不是種運動休閒，而是宗教儀式。考古學家認為輸的那隊可能會被獻祭給天神。

你看，這樣也行。

全身裝備
球很重被砸到可不得了，所以要戴頭盔，頭盔上還有動物。

一顆沈重無比的橡膠球。

身上要穿著布盔甲保護肋骨。

當然，還有精心設計的披風。

43

經歷六百年的繁榮發展，大概在西元800～1000年之間，興盛的馬雅文明崩解了！馬雅人拋棄原本的城市，到了半島的北邊，與來自墨西哥的托爾特克人一起發展新的馬雅文化，再也沒有回到雨林了。

在更久之後，雨林重新掩蓋城市，而現今的考古學家正努力在叢林中挖掘這些過去。考古學家一直想找出城市崩解的原因，目前認為王國之間激烈的戰爭、貿易路線改變，又或是乾旱、人口過度增加，都是馬雅城市全面瓦解的原因。

古典馬雅文化的衰敗，告訴我們不要過度破壞環境、全面性衝突會造成嚴重的後果、氣候變遷的強大力量等，在在為現代人類提供了許多的啟示。

經歷了古典終結期的衰敗，馬雅文化發展的重心，轉移到猶加敦半島北部。考古學家發現，來自墨西哥中部的托爾特克人，放棄了他們首都圖拉城，千里迢迢的來到馬雅世界北端的猶加敦半島上。托爾特克人是一群勇猛的戰士，他們將許多墨西哥中部的文化與信仰，帶到馬雅城市之中。

這巨蛇是我們的神喔！

托爾特克人的文化，與原本的馬雅文化結合，形成一種新的馬雅文化。例如說，馬雅人在這個時候，開始信仰一種包覆著羽毛的巨蛇，到現代稱為「羽蛇神」。同時，浮雕與藝術的風格，也開始模仿托爾特克文化。建築開始使用許多的柱子。在過去擁有絕對權力的統治者，現在必須與貴族一起商議國家大事。

這段歷史還充滿著許多謎團，究竟為什麼托爾特克人要來到馬雅世界？兩者之間的關係是征服或交流，還是商業貿易？都還需要考古學家繼續研究下去。

這些浮雕藝術真有趣。

戰士神廟

卡斯提洛
神廟

戰士神廟底下有很多的柱子，
部分考古學家推斷是市集。

奇琴伊札還有馬雅世
界最大的球場。在球
場旁邊，能看到描繪
殺人場面的浮雕，以
及石刻的骷髏頭牆。
所以考古學家推論，
馬雅人會將球賽的輸
家送上獻祭的祭臺。

說到馬雅最有名的遺址，非奇琴伊札城莫屬。奇琴伊札城遺址
裡最有名的就是祭祀羽蛇神「庫庫爾坎」的卡斯提洛神廟。羽
蛇神是後古典期馬雅文化中最重要的神，由來自墨西哥中部的
托爾特克人帶進來的。整個奇琴伊札城融合了托爾特克文化與
傳統馬雅文化，形成一個嶄新的樣貌，有些考古學家稱為「新
馬雅文化」。

在神廟附近，還有一個石灰岩井，那時奇琴伊札的統治者，會將活人當成祭品丟進井內。考古學家在井裡還打撈到很多價值連城的文物。

救命啊！

「烏斯瑪爾」是後古典期另一個強大的馬雅城邦。根據考古學家的研究，烏斯瑪爾是奇琴伊札的勁敵。城中還有許多經典的普克式建築，其中最有名的就是巫師神廟了！

你是未來的國王！

當地的馬雅人傳說，在烏斯瑪爾城外住著一個女巫，有天她撿到一顆具有魔力的蛋。她把蛋放在茅草小屋的角落，每天顧著這顆蛋，直到有一天，一個小男嬰破殼而出。

女巫細心照料小男嬰，經過一年，他就能夠說話走路，就像是個大人一樣。但是身體卻不再長大，成了一個侏儒。不過女巫不以為意，她以小侏儒為榮，還說有一天，他會成為國王。

太簡單啦！

有天，女巫催促小侏儒去皇宮挑戰國王。國王輕視小侏儒，笑著給他很多挑戰，沒想到小侏儒力氣很大，一一完成。

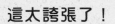

這太誇張了！

國王生氣了！就要小侏儒一夜之間蓋出比他的宮殿還要高的神廟。國王心想，小侏儒絕對不可能成功，於是便安心去睡覺了。沒想到隔天望向宮殿外頭，巫師神廟拔地而起。這就是巫師神廟的由來！

我以你為榮。

國王慌了，決定跟小侏儒比武。小侏儒雖然身體小，力氣卻很大，一下子就打敗國王了。於是，小侏儒成為烏斯瑪爾的新統治者！

為什麼叫做「馬雅」，就一定要提到「馬雅潘」這個城邦。馬雅潘可說是馬雅文化最後一個強大的城邦王國。當十六世紀西班牙人抵達猶加敦半島的時候，西班牙人問當地的一位原住民：「這裡是哪裡？」原住民回答他來自馬雅潘。不懂馬雅語的西班牙人，就稱呼這些原住民為馬雅人。這就是「馬雅」的來源。一個城邦的名字，變成所有原住民的名字。

當地流傳著一個傳說：

完好如初！

隔天

未來三年
都是大豐收。

曾經有個將軍胡納克·奎，起兵反抗奇琴伊札的國王，結果戰敗被捉起來。國王將他丟進奇琴伊札的獻祭井裡，沒想到經過一天一夜，胡納克·奎依然活著。

國王找他來問話，他又預言了接下來三年的豐收，並且一一應驗。

國王就將他分封到馬雅潘這個地方，胡納克·奎於是建立王國，逐步強盛。大概在十三世紀，馬雅潘取代奇琴伊札與烏斯馬爾，成為猶加敦半島上最強大的王國。

雖然如此，馬雅潘的規模比起以前的馬雅城邦小得多。在西元 1450 年，當地的貴族不滿馬雅潘統治者強迫他們住在城內，發動叛亂，燒毀了馬雅潘城。自此之後，馬雅人在小村落中生活，直到十六世紀西班牙人征服猶加敦半島。

西元1492年，哥倫布抵達美洲大陸的巴哈馬群島。隨後西班牙的探險家與征服者，為了尋找黃金與白銀，幾年之內就征服了在今日中部墨西哥的阿茲特克帝國。

當時的馬雅人分裂成許多小王國，力量薄弱。西班牙人又擁有先進的武器，並且帶來致命的疾病。在西班牙大軍抵達前，許多馬雅人染上天花、流行性感冒、鼠疫而死亡，所以無力抵抗西班牙人的入侵。

西班牙人的征服，帶來馬雅人無盡的苦痛。許多馬雅人成為奴隸，在繁重的勞動中死去。而馬雅文化也遭到破壞，語言文字都逐漸失傳。像是著名的蘭達主教，就曾經認為馬雅人的手抄本是惡魔的產物，因此集中燒掉。

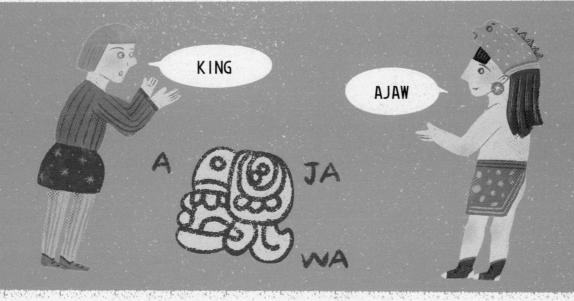

馬雅人也接受不少歐洲文化，開始學習使用拉丁字母，用字母來拼寫馬雅文，創造出與祖先不同樣貌的手抄本。

55

遭遇災難時逃離，可說是馬雅文化常見的現象。例如古典馬雅衰亡的時候，馬雅人就拋棄了叢林中的城市。當西班牙入侵之後，有些馬雅人再度回到叢林中，在他們祖先的偉大城市遺跡附近，建立了他們的小王國。

最有名的就是「諾赫佩騰」，是馬雅人在湖中小島上建立的新城市。事實上，西班牙人在十六世紀就已經發現了這座馬雅城市，當時西班牙征服者還送了一匹馬給當地的馬雅國王。過了幾年，當傳教士再造訪諾赫佩騰，那匹馬已經死了，骨頭被當成神獸供奉在神廟上。

十七世紀

快擋不住了啊！

但是，在十七世紀晚期，由於越來越多馬雅人逃向雨林，使得殖民地嚴重缺乏工人伐木賺錢，所以在西元1697年，西班牙人就派了一支遠征隊，用強大的武力消滅了這座馬雅城市，並在諾赫佩騰的遺址上，建立了西班牙式的城市，也就是今天瓜地馬拉的Flores城。這次，馬雅人已經無處可逃，只能被西班牙人的殖民統治。

57

今日，還有幾百萬的馬雅人生活在這個地球上。電視節目或是網路影片說：「馬雅人消失了」是完全錯誤的說法。

大多數馬雅人跟他們的祖先一樣，住在瓜地馬拉、薩爾瓦多、宏都拉斯、貝里斯、墨西哥東南部。就像臺灣的本土語言面臨的危機，很多年輕的馬雅人已經無法流利的說馬雅語了。

雖然今日馬雅人已經過著現代生活，並且拉丁化，但是祖先留下來的信仰與思想，依然在一代代的馬雅人間傳承。馬雅人努力復興傳統文化，而馬雅孩子開始畫可愛的圖案、寫祖先使用的文字。

馬雅人曾經經歷過壓迫與苦難，像十九世紀有馬雅人對抗白種人的階級戰爭，二十世紀也發生過瓜地馬拉政府屠殺馬雅村莊。雖然現在馬雅人在社會上依然弱勢，但也開始能夠驕傲的自稱——我是馬雅人。

西元前 1200 年

中美洲第一個文明「奧梅克文化」影響力逐漸擴大。

西元前 700 年

有些馬雅城市開始發展，並且受到奧梅克文化的影響。

西元前 400 年

奧梅克文化衰弱。

城徽

當時的提卡爾王：
清澈天空的卡維爾神

西元 645 年

來自提卡爾的王族，建立多斯皮拉斯城。

西元 650 年左右

卡拉穆城（蛇王國的根據地）成為馬雅世界的霸主，並且走向巔峰。

西元 695 年

提卡爾擊敗卡拉穆，進入復興期。

西元 1100～1200 年

奇琴伊札衰落。

西元 1200～1450 年

馬雅潘成為猶加敦半島上的主要城市。

西元 1510 年

阿茲特克的商貿與藝術開始影響馬雅人。

當時的提卡爾
統治者：雙鳥

西元 300 年

馬雅地區走向繁榮。

西元 292 年

提卡爾被中部墨西哥的提奧
地華甘征服。

西元 562 年

卡拉柯爾擊敗提卡爾。

西元 800 年左右

馬雅文化的發展達
到巔峰。

西元 800～1000 年

古典馬雅文化走向衰亡，猶
加敦半島上的城市繁榮發展。

西元 900 年左右

奇琴伊札與烏斯瑪爾崛起。

西元 1519 年

西班牙人登陸墨西哥。

西元 1542 年

西班牙人征服猶加敦半
島上的馬雅人。

西元 1697 年

西班牙人征服最後一個
馬雅城邦。